Klemens Nodewald

Feuer
und
Flamme
sein

Feuer und Flamme sein

Das Sehnen in uns
in Kraft verwandeln

Texte und Gebete
von Klemens Nodewald

echter

In uns Menschen gibt es ein Verlangen, das unserem Inneren sehr tief innewohnt: das Sich-Sehnen. Um die Intensität, mit der das Sehnen in uns spürbar werden kann, auszudrücken, sprechen wir oft auch von: „nach etwas hungern" oder „nach etwas dürsten".

Die Veranlagung, sich sehnen zu können, ist ein wunderbares Geschenk. Wir können dadurch Kräfte entwickeln, die uns helfen, nicht vorschnell unsererseits Erstrebenswertes aufzugeben.

Das Sehnen vollzieht sich verborgen in unserem Innersten. Es ist ausgerichtet auf das, was unserem Leben Wert verleiht und uns glücklich macht. Mögen die Vorstellungen und Ansichten der Menschen in Bezug auf das, was für das Leben erstrebenswert ist, verschieden sein, das Sehnen nach erfülltem Leben und nach Glück ist allen Menschen gemeinsam.

Wo wir dem Sehnen freien Lauf lassen, es nicht unterdrücken oder beschneiden, dort spüren wir, wie es sich allem Halben und Unvollständigen widersetzt. Feuer und Flamme will es in uns sein, damit wir uns nicht mit Stückwerk oder ersten Ansätzen zufriedengeben.

Wie alle Kräfte in uns benötigt das Sehnen die Leitung durch Einsicht, Vernunft, Herz und Verstand. Es bedarf eines sorgfältigen Abwägens dessen, was das Leben jedes Einzelnen reich und glücklich machen kann. Dabei gilt es, die Phantasie zu beflügeln, um alle Möglichkeiten auszuloten, aber auch nüchtern und sachlich die persönlichen Grenzen einzubeziehen, damit das Sehnen in seiner Glut nicht in unstillbare Sehn-Sucht entartet und damit zur Quelle ständiger Enttäuschung wird.

Das Sehnen in uns bezieht sich auf Geborgenheit, Beheimatung, innere Zufriedenheit, auf Sich-Entfalten und Wachsen, bei Christen auf Verbundenheit mit Gott. Gerade im Bereich des Glaubens und der Nächstenliebe lässt sich beobachten, wie wertvoll und wichtig das Sich-Sehnen in uns ist. Sich sehnen nach Frieden und Harmonie, sich sehnen nach gutem Miteinander und Füreinander, sich sehnen nach fester und inniger Verbundenheit mit Gott fördert die Bereitschaft, positiv zu denken, entschlossen selbst Hand anzulegen und sich dem Mitwirken Gottes anzuvertrauen.

Mit den Texten dieses Buches möchte ich einladen, dem Sehnen in uns Tür und Tor zu öffnen und es nicht zu unterdrücken oder abzuschwächen. Es ist die Spannkraft in unserem Innern, die uns drängt, das Leben nicht einfach dahinlaufen zu lassen, sondern gegen alle Widerstände dem eigenen wie dem Leben unserer Mitmenschen ein hohes Maß an Glück und Zufriedenheit zu ermöglichen und zu sichern. Gleichzeitig möchte ich mit den Texten anregen, der Frage nachzuspüren, was erfülltem Leben näher bringt und dienen kann, um es mit Hingabe und Begeisterung, mit Feuer und Flamme anzustreben.

Sich sehnen nach
Geborgenheit

Das Sehnen in uns nutzen und zügeln

All mein Sehnen, Herr, liegt offen vor dir,
mein Seufzen ist dir nicht verborgen.
PSALM 38,10

Dir, Herr, will ich mein Sehnen nicht verbergen
offen breite ich mein Inneres vor dir aus

den brennenden Wunsch
geachtet, angenommen und geliebt zu werden
selbst zu wachsen und stark zu werden in der Liebe
meinem Leben Sinn und Wert zu geben
und ein Segen zu sein für andere

Ich spüre das drängende Verlangen
dem Leben Glück und Wohlergehen abzuringen
Erfolg und Aufstieg zu bejahen und anzustreben

Du, Herr, wirst mir helfen
dass ich die Kraft des Sehnens in mir nutze
mein Leben, meinen Glauben, die Gemeinschaft
mit dir und anderen
lebendig, froh, vielfältig und farbig zu gestalten

und meiner Sehnsucht die Zügel anzulegen
wo sie in Unersättlichkeit ausufern will

Bitte um Ehrlichkeit

Ich weiß, mein Gott,
dass du die Herzen prüfst
und an Aufrichtigkeit Gefallen hast.
ERSTES CHRONIKBUCH 29,17A

Lobe mich
Sag mir, was dir an mir gefällt
Ich möchte das Gute an mir
ausbauen und verstärken

Ich bitte dich aber auch
mir zu sagen und anzuzeigen
was dir missfällt
was nicht gut oder gar garstig ist an mir
worauf ich daher achten müsste
um Abhilfe zu schaffen

Wenn du dabei liebevolle Worte findest
und mich nicht demütigst
umarme ich dich
weil ich dann spüre
dass du mir nicht nur ehrlich begegnest
sondern auch wohlwollend zugetan bist
wonach ich mich sehne

Jesus ins Netz gehen

Wer seinem Nächsten schmeichelt,
breitet ihm ein Netz vor die Füße.

Herr
dir immer wieder ins Netz gehen
das wünsche ich mir
danach strebe und verlange ich

du bist kein Schmeichler
der mich umgarnt und ins Netz lockt
keiner, der mich verführen will

Du bist ein Rufer
Mahner
ein Herausforderer zu persönlicher Entscheidung

Wer dir ins Netzt geht
ist nicht Beute, Fang, in Fesseln gelegt
denn du gewährst Freiheit
beglückst, begnadest, segnest

Herr
dir immer wieder neu ins Netz gehen
das wünsche ich mir

Lass dich finden

So wird der Herr für den Bedrückten zur Burg,
zur Burg in Zeiten der Not.
Darum vertraut dir, wer deinen Namen kennt;
denn du, Herr, verlässt keinen, der dich sucht.
PSALM 9,10–11

Lass dich finden, Herr
wenn wir dich suchen

in unserer Ratlosigkeit und inneren Unruhe
in unserer Mühsal und Hilflosigkeit
in Not und Bedrängnis
in unserer Verzagtheit und Ausweglosigkeit
in Schmerz und Krankheit
in unserer Trauer und mit verwundetem Herzen

Lass dich finden
für unsere Fragen und Bitten
am Tage und in den Nächten

Zu wem sollten wir gehen in unserer Not
wenn nicht zu dir

Zutritt zu jeder Zeit

Der Freund erweist zu jeder Zeit Liebe,
als Bruder für die Not ist er geboren.
SPRICHWÖRTER 17,17

Für eine gute Tat
ist jeder Augenblick des Tages
eine günstige Zeit

Mit etwas Gutem
und als helfender Freund
kommen wir einem Menschen
zu keiner Zeit ungelegen

Weitherzig

Wie Wasser ein Spiegel ist für das Gesicht,
so ist das Herz des Menschen
ein Spiegel für den Menschen.
SPRICHWÖRTER 27,19

Von Weitherzigen und Großmütigen
geht jene Art Wärme und Liebenswürdigkeit aus
die Jesus eigen war

Nicht ausschließen, sondern einbeziehen
Nicht verurteilen, sondern gewinnen
Nicht maßregeln, sondern hinführen
Nicht vorschreiben, sondern anregen

Großmütige und Weitherzige
spiegeln Menschlichkeit
und achten die Würde des Nächsten
der trotz seiner Mängel und seines Versagens
ein Abbild Gottes bleibt

Konflikte lösen

Strebt voll Eifer nach Frieden mit allen
und nach der Heiligung,
ohne die keiner den Herrn sehen wird.
Seht zu, dass niemand die Gnade Gottes verscherzt,
dass keine bittere Wurzel wächst und Schaden stiftet
und durch sie alle vergiftet werden.
HEBRÄERBRIEF 12,14–15

Sag einem anderen
in stiller Stunde und in ruhiger Weise
welchen Wert er für dich hat
was du an ihm schätzt und magst
worin du ihn bewunderst

und alle auftretenden Konflikte
zwischen dir und ihm
werden sich fortan
friedlich
und für beide Seiten gut
miteinander lösen lassen

Vom Geist ergriffen

Und sie (die Mitglieder des Hohen Rates)
riefen sie herein und verboten ihnen,
jemals wieder im Namen Jesu zu predigen
und zu lehren.
Doch Petrus und Johannes antworteten ihnen:
Ob es vor Gott recht ist, mehr auf euch zu hören
als auf Gott,
das entscheidet selbst.
Wir können unmöglich schweigen über das,
was wir gesehen und gehört haben.
APOSTELGESCHICHTE 4,18–20

Wer sich vom Heiligen Geist ergreifen lässt
bleibt nicht länger ängstlich und stumm
und nur im Verborgenen Christ

Er lässt sich begeistern
wird Feuer und Flamme
muss reden von dem, was ihn ergriffen hat
Jeder kann ihn verstehen –
weil seine Sprache die Sprache der Liebe ist

Wer sich vom Heiligen Geist ergreifen lässt
dessen Furcht wird sich legen
denn er brennt darauf
Gott mehr zu gehorchen als den Menschen

Stürme können nützlich sein

Dann stieg er zu ihnen ins Boot
und der Wind legte sich.
MARKUS 6,51A

Bäume, die fest verwurzelt sind
können viele Stürme überstehen
Fest verankert in der Erde
biegen und beugen sie sich
und weichen so geschickt
der Gewalt eines Sturmes aus

Verwelkte Blätter und dürre Äste dagegen
überlassen Bäume ohne besonderen Widerstand
gern den an ihnen rüttelnden Sturmwinden

Warum sollten nicht auch uns gelegentlich
Lebensstürme rütteln und schütteln
um uns von ausgetrockneten Ansichten
blutleeren Gewohnheiten
innerlich abgestorbenen Beziehungen
und allem Dürren an uns
zu befreien

Nach solch äußeren wie inneren Stürmen
lässt sich Jesus gern auch in unser Boot einladen
damit wieder Ruhe bei uns einkehrt

Mit offenen Augen

Mein Sohn, lass beides nicht aus den Augen:
Bewahre Umsicht und Besonnenheit!
SPRICHWÖRTER 3,21

Wachse und reife zuhause
bis du auf den eigenen Füßen stehen kannst
Aber dann mach dich auf

Unterwegs und in der Fremde
wirst du bei offenen Augen finden
was dir zuhause
nicht begegnen und angeboten werden kann

Beschleunige unterwegs nicht dein Tempo
aber erhöhe deine Aufmerksamkeit und dein Staunen
umso reicher wirst du beschenkt werden
mit Erkenntnissen, Erfahrungen und Einsichten

Wahr bleibt wahr zu jeder Zeit

Pilatus sagte zu ihm (Jesus):
Was ist Wahrheit?
Nachdem er das gesagt hatte,
ging er wieder zu den Juden hinaus und sagte zu ihnen:
Ich finde keinen Grund, ihn zu verurteilen.
JOHANNES 18,38

Gerechtigkeit, Menschenwürde
Wahrheit und Wahrhaftigkeit
Gewissens- und Glaubensfreiheit
das Recht, leben zu dürfen

haben einen konstanten Wert in sich
und unterliegen keinen Wertschwankungen

auch dann nicht
wenn wir vom Zeitgeist getrieben
in der Praxis
die Unveränderlichkeit bestimmter Werte nicht achten
und sie einer Abwertung unterwerfen

Neid macht ärmer

Neid und Ärger verkürzen das Leben,
Kummer macht vorzeitig alt.
JESUS SIRACH 30,24

Weil Neid das, was wir haben
nicht würdigt und es uns nicht genießen lässt
macht uns der Neid vom Gefühl her ärmer
als wir in Wirklichkeit sind

Selbst bei einer Krankheit
haben wir noch so viel an Gesundheit
die mit Geld nicht zu bezahlen wäre

Trotz unserer Fehler und ohne Karriere-Laufbahn
haben wir Anlagen und Talente
um die andere sich vergeblich mühen

Neben allem Pech im Leben
haben wir oftmals unerwartet Glück
ohne dass wir Anspruch darauf hätten

Kein Mensch hat alles
Jeder findet im Blick auf andere Gründe
die ihn zum Neid verführen können
Neid jedoch verstellt den Blick
auf den eigenen Reichtum

Geh nicht

Ein treuer Freund ist wie ein festes Zelt,
wer einen solchen findet, hat einen Schatz gefunden.
JESUS SIRACH 6,14

Geh nicht
nur weil du dich meiner Situation gegenüber
hilflos fühlst
und mir nicht greifbar etwas Gutes tun kannst

Verweile
auch wenn du keinen Rat weißt
kein Wort des Trostes findest

Dein Bleiben
in Schweigen, Verlegenheit und Unsicherheit
fängt mich auf und hilft mir
meine Situation auszuhalten

Geh nicht
bleib
damit wir zusammen
den Herrn um Hilfe bitten

Die Erde ist uns anvertraut

Gott, der Herr, nahm also den Menschen
und setzte ihn in den Garten von Eden,
damit er ihn bebaue und hüte.
GENESIS 2,15

Die Erde –
 Gottes Garten im Universum
 unsere Lebenswelt
 uns anvertraut
 sie zu hüten und zu pflegen

Unsere Erde –
 Wir müssen sie lieb gewinnen
 damit nicht Ödland aus ihr wird
 karge Wüste durch Zerstörung

Blühen will unsere Erde
bezaubern, zum Staunen bringen, verwundern
Weideland und Ackerfeld möchte sie sein
Früchte hervorbringen im Überfluss
Landschaften und Lebensraum will sie anbieten
und allen Lebewesen als behagliche Wohnstätte dienen

Unsere Erde –
 uns anvertraut
 sie als Gottes Garten zu hüten und zu erhalten

Gottes Wirken erspüren

Der Herr ist dein Hüter,
der Herr gibt dir Schatten;
er steht dir zur Seite.
PSALM 121,5

Am Anfang der Schatten
das Erahnen
das Vermuten
das „Für-möglich-Halten"

Den Ahnungen und Vermutungen nachgehen
dem Eventuellen sich öffnen
von zunächst nur schattenhaft Erkennbarem
auf das Licht schließen

führt zum unsichtbaren Gott
zu seinem Wirken ohne Aufsehen
und im Hintergrund
zu seiner verborgenen Gegenwart in unserem Leben

Das Geheimnisvolle Geheimnis sein lassen
aber spüren und erahnen
wie sehr uns Gott im Leben zur Seite steht

Der Treue Gottes vertraue ich

Ich werde sie heimbringen
und sie werden in Jerusalem wohnen.
Sie werden mein Volk sein und ich werde ihr Gott sein,
unwandelbar und treu.
SACHARJA 8,8

Mag ich auch feilschen, Gott, mit Krämerseelen
doch niemals werde ich feilschen mit dir

Mag ich Hoffnungen begraben
im Blick auf mich selbst und andere
niemals wird dies geschehen im Blick auf dich

Dass ich an mir selbst und anderen zweifle
kommt vor
doch dir vertraue ich

Vorsichtig bin ich gegenüber meinen Widersachern
dir gegenüber kommt mir Misstrauen
nicht in den Sinn

Denn du, Herr, bist ein Gott der Treue
und löst überreich ein
was du versprochen hast
Auf dich baue ich
Dir vertraue ich

Ins Licht gestellt

Ihr vom Haus Jakob, kommt,
wir wollen unsere Wege gehen im Licht des Herrn.
JESAJA 2,5

Alles Leben tritt aus dem Dunkel ins Licht
Die Saat durchbricht die dunkle Erde
Das Küken befreit sich von der Eierschale
Tiere und Menschen gebären ins Licht

Jeden Tag werden wir neu ins Licht gestellt
in die Strahlen der Sonne
ins Licht der Huld unseres Gottes
ins Licht der Menschen, die uns lieben

Im Licht zu leben
    ist unsere Wesensbestimmung
erfüllt von Licht zu denken und zu handeln
    unsere Berufung
für andere ein Licht zu sein
    unser Auftrag
an Gottes Lichtglanz einmal teilzuhaben
    unsere Bestimmung und Verheißung

Angst verführt, sich zu verstellen

Wenn es also Ermahnung in Christus gibt,
Zuspruch aus Liebe, eine Gemeinschaft des Geistes,
herzliche Zuneigung und Erbarmen,
dann macht meine Freude dadurch vollkommen,
dass ihr eines Sinnes seid,
einander in Liebe verbunden,
einmütig und einträchtig.

PHILIPPERBRIEF 2,1–2

Weil wir fürchten
nicht mehr geliebt und angenommen
nicht mehr geachtet und bejaht zu werden
verstellen wir uns zuweilen
aus Angst und Unsicherheit voreinander

Hilf uns, Herr,
einander fest verbunden zu bleiben
in glanzvollen Stunden und erfolgreichen Tagen
aber ebenso in der Schwäche und bei Versagen

damit wir uns nicht gegenseitig
verführen oder nötigen
uns zu verstellen
um uns vor Ablehnung zu schützen

Von Gott auf festen Grund gestellt

Ich habe den Herrn beständig vor Augen.
Er steht mir zur Rechten, ich wanke nicht.
Du zeigst mir den Pfad zum Leben.
Vor deinen Augen herrscht Freude in Fülle,
zu deiner Rechten Wonne für alle Zeit.
PSALM 16,8.11

Wie sollte ich ohne dich, Gott,
die Kraft aufbringen
mein Leben gut und wertvoll zu gestalten

der Liebe und Versöhnlichkeit die Treue halten
   bei Ablehnung und Verkennung
zur Wahrheit stehen
   auch wenn sie Nachteile bringt
Kränkungen aushalten
   ohne mich zu rächen
Leid verkraften
   ohne dabei hart zu werden
Niederlagen hinnehmen
   ohne aufzugeben
Verlockungen widerstehen
   ohne am Ende schwach zu werden

Bleibe du, Herr, meine Kraft und Stärke
dann stehe ich auf festem Grund und wanke nicht

Atmosphäre aufbauen

Ich lobe euch, dass ihr in allem an mich denkt
und an den Überlieferungen festhaltet,
wie ich sie euch übergeben habe.
ERSTER KORINTHERBRIEF 11,2

Es gibt Menschen
die verstehen es
immer wieder etwas Gutes
über ihre Nächsten zu sagen
ohne ins Lobhudeln zu verfallen

Ihre guten Worte und das Hervorheben des Positiven
schaffen eine friedvolle Atmosphäre
der Verbundenheit und des Miteinanders
in gegenseitiger Achtung und Wertschätzung

Eine gute Atmosphäre
bringt Sonnenschein in jeden unserer Tage
und beflügelt fast wie von selbst
das Gute immer neu anzustreben
und darin zu verharren

Schenken, ohne nach dem Verdienst zu fragen

Seht, wie groß die Liebe ist,
die der Vater uns geschenkt hat.
ERSTER JOHANNESBRIEF 3,1A

Schenken –
nicht fragen
ob der andere es verdient hat

Güte und Liebe schenken
    und dadurch Herzen aufleben lassen
Freundlichkeit und Offenheit schenken
    und damit Sonnenschein
    ins Leben und in den Alltag bringen
Versöhnung anbieten
    und aus Spannungen befreien
Durch Wohlwollen
    Ängste und Unsicherheit nehmen
Mit Anerkennung
    zu guter Tat bestärken

Schenken wie der Vater im Himmel
der uns täglich segnet
und neu seine Sonne über uns aufgehen lässt
ob wir es verdient haben oder nicht

Einander annehmen

Darum nehmt einander an,
wie auch Christus uns angenommen hat,
zur Ehre Gottes.
RÖMERBRIEF 15,7

Deine Fehler und Schwächen
fallen mir immer wieder in die Augen
und es fällt mir schwer
dir ohne Kritik zu begegnen
Meine Augen und meine Gesten
sagen oft ein Nein zu dir

Ich fühle deutlich
wie du dich danach sehnst
dass ich mehr darauf schaue
was schön und wertvoll an dir ist
und wie sehr du dich mühst und anstrengst
Fehler zu meiden

Auf dein Ringen mit dir selbst
will ich künftig mehr achten
und hoffe
dass du es spüren und mir anmerken kannst

Im Schatten Jesu

Als sie Jesus hinausführten,
ergriffen sie einen Mann aus Zyrene namens Simon,
der gerade vom Feld kam.
Ihm luden sie das Kreuz auf,
damit er es hinter Jesus hertrage.
LUKAS 23,26

Simon trug das ihm auferlegte Kreuz
im Schatten Jesu –

Nicht Jesus legte es ihm auf die Schultern
Es waren andere, die Simon das Kreuz aufzwangen
Sie fragten nicht nach seiner Bereitschaft
sie griffen ihn auf, den Wehrlosen

Ein Kreuz, eine Last wird gelegentlich
ungefragt auch auf unsere Schultern gelegt –
Ausweichen nicht möglich

Sich dann als Simon im Schatten Jesu wissen
macht Kreuz und Last nicht leichter
kann uns aber helfen und stärken
die auferlegte Bürde zu tragen

Sich sehnen nach
innerer Zufriedenheit

Gottes Liebe genießen

Wir haben die Liebe, die Gott zu uns hat, erkannt
und gläubig angenommen.
Gott ist die Liebe, und wer in der Liebe bleibt,
bleibt in Gott und Gott bleibt in ihm.
ERSTER JOHANNESBRIEF 4,16

Gottes Liebe
bewusst auskosten und genießen
in ihrer Tiefe und in ihrem Ausmaß

kann trunken machen
berauschen ohne Wein
sättigen ohne Fleischtopf
heilen ohne Medikamente
bereichern ohne äußeren Gewinn

Gottes Liebe genießen
wird stets
ermutigen und beflügeln
bestärken und erheben
trösten und mit Seligkeit erfüllen

Liebende Herzen altern nicht

Leg mich (die Liebe) wie ein Siegel auf dein Herz,
wie ein Siegel an deinen Arm.
Auch mächtige Wasser können die Liebe nicht löschen;
auch Ströme schwemmen sie nicht weg.
HOHELIED 8,6A.7A

Liebende Herzen altern nicht
Sie bleiben kraftvoll und belastbar
behalten Spannkraft und Tatendrang
gedeihen, wachsen, blühen und tragen Früchte
Tag für Tag ein Leben lang
selbst noch im hohen Alter

Liebende Herzen altern nicht
Sie bleiben beweglich, lebendig, rege, frisch
munter, interessiert, aufgeschlossen
und gestalten das Leben immer wieder
bunt, farbig, kreativ und ideenreich

Selbst wenn die Kräfte des Körpers schwinden
Gebrechlichkeit sich einstellt
große Taten aus körperlicher Schwäche
nicht mehr möglich sind
werden liebende Herzen
noch kraftvoll und ungebrochen
Gutes denken, reden und wünschen
Denn liebende Herzen altern nicht

Begeisterten wachsen Flügel

Da dachte ich:
Hätte ich doch Flügel wie eine Taube,
dann flöge ich davon und käme zur Ruhe.
PSALM 55,7

Gehöre nicht zu denen
die untätig warten
bis ihnen Flügel wachsen –
Das Glück haben nur die Vögel

Bewege, engagiere, begeistere dich
dann entwickelt dein Wesen
Schwingen ganz wie von selbst

Nur Begeisterten
wachsen unsichtbare Flügel –
eine Erfindung Gottes

Das Wie-bisher-Weitermachen unterbrechen

In ihrer Not bekehrten sie sich zum Herrn,
dem Gott Israels,
und da sie ihn suchten, ließ er sich von ihnen finden.
ZWEITES CHRONIKBUCH 15,4

Weitermachen wie bisher
kann kraftlos und krank machen

Wenn das Weitermachen-wie-bisher
nicht mehr möglich ist
kann eine heilsame Zeit beginnen

in einer Besinnung auf das Wesentliche
in der Beschränkung auf das Notwendige
in einer größeren Offenheit

sich beschenken zu lassen
im Auskosten von bisher nicht Wertgeschätztem
in einer größeren Bereitschaft
sich Gott auszuliefern und anzuvertrauen

Wenn das Weitermachen-wie-bisher
unterbrochen und eingeschränkt wird
kann Leben und Glaube an Stärke und Kraft
gewinnen

Damit müssen wir nicht warten
bis wir krank und kraftlos geworden sind

Sich ein offenes Herz bewahren

Es glüht mir in der Brust;
mir dreht sich das Herz im Leibe,
weil ich so trotzig war.
KLAGELIEDER 1,20B

Sich bei Enttäuschung trotzig verweigern
sich bockig, schmollend abwenden
wenn sich unsere Wünsche nicht erfüllen
ist eine Sackgasse, die uns nicht weiterführt

Sich in Enttäuschung ein offenes Herz bewahren
Verbitterung nicht zulassen

lässt uns auf dem gemeinsamen Weg
zusammenbleiben
das uns weiterhin Verbindende und Gemeinsame
miteinander in Angriff nehmen
und uns innerlich nicht verschließen
vor neuen Chancen gemeinsamen Wirkens
die sich in der Zukunft anbieten

Es ist ein Segen
wenn bei Trotz und Bockigkeit
sich das Herz bei uns im Leibe dreht
um sich von seiner besseren Seite zu zeigen

Der Freude eine Freude bereiten

Dies ist der Tag, den der Herr gemacht hat;
wir wollen jubeln und uns an ihm freuen.
PSALM 118,24

Eine Stunde Vergnügen und Spaß
im Bad, auf einer Festwiese, im Theater …
müssen wir mit Geld bezahlen

Freude hingegen ist nicht nur kostenlos
und jedem jederzeit zugänglich
sie ist auch unbezahlbar für den, der sie kaufen will

Freude will ergriffen werden
Sie wohnt nicht nur dem Vergnügen und Spaß inne
Sie lässt sich darüber hinaus entwickeln
als Freude am Wirken von etwas Gutem
als Freude an der Wahrheit
als Freude an der Welt und am Leben

Wir können der Freude dadurch Freude bereiten
dass wir sie in viele Bereiche einbeziehen
ihr oft eine Chance geben
und sie nicht nur bei Spaß und Vergnügen
für uns zulassen

Mein Wunschsieg

Denn die Liebe zu Gott besteht darin,
dass wir seine Gebote halten.
Seine Gebote sind nicht schwer.
Denn alles, was von Gott stammt, besiegt die Welt.
Und das ist der Sieg, der die Welt besiegt hat:
unser Glaube.

ERSTER JOHANNESBRIEF 5,3–4

Mit mir selbst kämpfen und ringen
mir das Gute kraftvoll und energisch abverlangen
Bequemlichkeit und Laxheit überwinden
verwerfliches Begehren in die Schranken weisen

Mich selbst besiegen –
Das ist der Sieg
den ich immer wieder feiern und besingen möchte

Denn es gibt keine größere Liebe zu mir selbst
keine größere Wohltat, die ich mir antun könnte
keinen größeren Lohn meiner Mühe
als mich zu beschenken
mit einem in mir errungenen Sieg für das Gute

Bereichere dich

Er erleuchte die Augen eures Herzens,
damit ihr versteht,
zu welcher Hoffnung ihr durch ihn berufen seid,
welchen Reichtum die Herrlichkeit seines Erbes
den Heiligen (Gläubigen) schenkt und
wie überragend groß
seine Macht sich an uns, den Gläubigen, erweist
durch das Wirken seiner Kraft und Stärke.
EPHESERBRIEF 1,18–19

Bereichere dich

Füge deinem Können und deinen Fähigkeiten
Freude an der Hilfsbereitschaft hinzu

Erbitte für deine Mühe und deinen Dienst
Gottes Beistand und Segen

Reichere dein Wissen an
mit praktischer Lebenserfahrung
Klugheit und Weisheit

Kröne deine Arbeit
mit einem dankbaren, frohen Rückblick

Ergänze die Gaben deines Herzens
mit den Gaben des Heiligen Geistes

Zögere nicht, bereichere dich

Sich Lebensfreude bewahren

Herzensfreude ist Leben für den Menschen,
Frohsinn verlängert ihm die Tage.
JESUS SIRACH 30,22

Der du das Leben liebst
Du, der du glücklich sein möchtest –
sei gesegnet
mit Gesundheit und Reichtum
mit günstigen Winden in den Segeln
mit Freunden und Vertrauten in großer Zahl
mit Wohlergehen und langem Leben

Du, der du das Glück suchst –
schließe Frieden mit dir selbst
mit deiner begrenzten Begabung
mit deinen Lebensumständen
mit deinen verpassten Chancen
mit deiner angeschlagenen Gesundheit
Versöhne dich mit deinen Fehlern und Mängeln
koste aus, was dir gelingt
gehe schonend um mit den Schwächen
deiner Freunde, Mitarbeiter, Nachbarn
und Hausgenossen

Dann wird Zufriedenheit und Lebensfreude
dich begleiten Tag für Tag aufs Neue

Im Licht wandeln

Als Jesus ein andermal zu ihnen redete,
sagte er: Ich bin das Licht der Welt.
Wer mir nachfolgt,
wird nicht in der Finsternis umhergehen,
sondern wird das Licht des Lebens haben.
JOHANNES 8,12

Jesus nachfolgen –

Nicht vollkommen sein können wie er
aber unsere Worte mit Wohlwollen schmücken
unsere Urteile abwägen
und sich vor Verurteilung hüten
unser Handeln dem Dienen widmen
unser Auftreten mit Herzlichkeit versehen
unserem Wesen Güte verleihen

Nicht vollkommen sein wie Jesus
aber unser Leben, Denken und Handeln
ins Licht stellen
mit Freundlichkeit schmücken
mit Wärme, Anteilnahme und Zuwendung ausstatten

Betende Hände bewegen

Wir haben ihm (Gott) gegenüber die Zuversicht,
dass er uns hört,
wenn wir etwas erbitten,
das seinem Willen entspricht.
ERSTER JOHANNESBRIEF 5,14

Betenden Händen kann gelingen
was geballte Fäuste nicht erreichen

Wer es vorzieht
Probleme mit geballter Faust zu lösen
fügt dem Unrecht nur neues Unrecht hinzu

Betende Hände sind gewaltfreie Hände
die sich bemühen
Herzen zu bewegen
für Versöhnung und friedliche Lösungen

Im Blick auf Gott und im Vertrauen auf seine Hilfe
nehmen sie oft leichter und schneller
Schwieriges in die Hand
um von vornherein
Unrecht und Zwist zu vermeiden

Danken anstatt verklären

Dankt für alles;
denn das will Gott von euch,
die ihr Christus Jesus gehört.

ERSTER THESSALONICHERBRIEF 5,18

Die Vergangenheit
wehmütig verklären und hochpreisen
kann dazu verführen
Gestaltungsmöglichkeiten der Gegenwart
zu übersehen und nicht voll auszuschöpfen

Nicht im Verklären –
im dankbaren Sich-Besinnen
auf den erfahrenen Segen des Himmels
die gewährte Hilfe durch Menschen
die Quellen, aus denen wir Kraft schöpften
liegt der Wert der Vergangenheit für die Gegenwart

Sich in Dankbarkeit
neu den Heilsquellen der Vergangenheit
ausliefern und anvertrauen
hilft
auch die Gegenwart mit glanzvollen Höhepunkten
zu gestalten

Augen, die geweint haben

Schrei laut zum Herrn, stöhne, Tochter Zion!
Wie einen Bach
lass fließen die Tränen Tag und Nacht.
Niemals gewähre dir Ruhe,
nie lass dein Auge rasten!
KLAGELIEDER 2,18

Augen, die geweint haben
die dem Schmerz begegneten
bedenken das Leben oft tiefer

Sie wissen um den Wert des Trostes
verstehen das Schweigen eines Leidenden
erahnen, um was er wortlos bittet
fühlen sich einem Verzagten gegenüber
weniger hilflos

Augen, die geweint haben
sind im Nachhinein meistens strahlende Augen
weil sie in ihrem Leid
den Wert der Liebe entdeckten
und näher zu Gott und zum Nächsten fanden

Schenken und nicht nur leihen

Der Wahrheit gehorsam,
habt ihr euer Herz rein gemacht
für eine aufrichtige Bruderliebe;
darum hört nicht auf,
einander von Herzen zu lieben.
ERSTER PETRUSBRIEF 1,22

Mach aus deiner Liebe
   deinem Wohlwollen
   deiner Hilfe
   deiner Freundlichkeit
   deinem guten Wort
keine Leihgabe
die du bei Gelegenheit
eventuell sogar mit Zinsen
zurückforderst

Bekleide dein Wesen
mit dem Gewand der Geschwisterlichkeit
dem Gürtel der Bereitschaft und Hingabe
mit Schuhen, die sich aufmachen zu dienen
mit dem Mantel der Barmherzigkeit

Großzügig schenken –
das ist es, was Gott gefällt

Beherzigen

Er (Gott) bildete ihnen Mund und Zunge,
Auge und Ohr,
und ein Herz zum Denken gab er ihnen.
Mit kluger Einsicht erfüllte er sie,
Gutes und Böses zu erkennen.
JESUS SIRACH 17,6–7

Nur was unser Herz anrührt und bewegt
be-herzigen wir
und befolgen es mit Hingabe

eine Mahnung
einen guten Rat
eine Warnung
einen Hinweis
eine Anregung
eine Nachricht
Vorschriften
Gebote
Gottes Wort

Gutes, Wahres, Richtiges, Kostbares
erstreben, hüten und bewahren
gelingt uns am ehesten und in besonderer Weise
wenn wir Herzensanliegen aus ihnen machen

Der Glaube kennt kein Rentenalter

Ich bleibe derselbe, so alt ihr auch werdet,
bis ihr grau werdet, will ich euch tragen.
Ich habe es getan
und ich werde euch weiterhin tragen,
ich werde euch schleppen und retten.
JESAJA 46,4

Schick deinen Glauben
mit zunehmendem Alter nicht in Pension
wo er von Angespartem sein Dasein fristen muss

Noch in hohem Alter
will Glaube wachsen, sich vertiefen und verstärken
und nicht aufs Abstellgleis geschoben werden
oder lahm an Krücken gehen

Sich fest in Gott verankern
Gottes Liebe spüren und genießen
sich jeden Tag neu unter seinen Segen stellen

aus den Erfahrungen der Vergangenheit
Lehren ziehen
der Güte, Geduld und Gelassenheit
deutlicher den Vorrang geben
das Altern bejahen

Gott oft am Tage loben, preisen
ihm für die geschenkten Jahre und seinen Beistand
„Danke!" sagen

alles Gute anerkennen und hervorheben
dem Wertvollen und noch Möglichen sich zuwenden

lässt auch im hohen Alter
den Glauben wachsen, reifen, sich weiten
und in ihm lebendig bleiben

Aufmerksam und sorgfältig gepflegter Glaube
kommt nie ins Rentenalter
Er stärkt und trägt zu jeder Zeit
mit ungebrochener Kraft

Vernunft und Phantasie in Einklang bringen

Die Weisheit belehrt ihre Söhne,
sie mahnt eindringlich alle, die auf sie achten.
JESUS SIRACH 4,11

Weisheit lehrt und mahnt uns
sich nicht einseitig
in pure Vernunft oder reine Phantasie
zu verlieben
sondern Vernunft und Phantasie
wie ein Liebespaar
miteinander zu verbinden

Die Vernunft will uns zu sachlichem Umgang
mit der Wirklichkeit und den Realitäten
des Lebens führen
und vor Torheiten schützen
Die Phantasie brennt darauf
unserer Sachlichkeit
Vielfalt, Farbe, Abwechslung und Geschmack
zu geben
damit sie nicht in langweiliger Nüchternheit aufgeht.

Vernunft und Phantasie in Einklang bringen
hilft Leben nicht nur realistisch und sachlich richtig
sondern auch reizvoll und charmant zu gestalten

Besitzen ohne besessen zu sein

Die Gemeinde der Gläubigen
war ein Herz und eine Seele.
Keiner nannte etwas von dem,
was er hatte, sein Eigentum,
sondern sie hatten alles gemeinsam.
APOSTELGESCHICHTE 4,32

Besitzen
ohne von etwas besessen zu sein

Vermögen und Reichtum besitzen
    aber frei von Geiz und Habgier
Talente besitzen
    aber frei von der Sucht nach Ruhm
Kraft besitzen
    aber frei von allem Protzen mit ihr
Überlegenheit besitzen
    aber frei vom Geltungsdrang
Ansehen und Wertschätzung besitzen
    aber frei vom Verlangen
    sich unentwegt in den Mittelpunkt zu stellen

Dankbar etwas besitzen
ohne von etwas besessen zu sein
bewegt zum Schenken und Teilen
und lädt andere freudig ein
teilzuhaben an dem
was uns reich macht

Nach dem Vorbild der Kinder

Freu dich innig am Herrn!
Dann gibt er dir, was dein Herz begehrt.
Befiehl dem Herrn deinen Weg und vertraue ihm;
er wird es fügen
PSALM 37,4–5

Wie Kinder
sich über nichts wundern
aber alles bestaunen und bewundern
sich daran freuen
und mit allem Bewunderten
Bekanntschaft und Freundschaft schließen

so natürlich und einfach
dürfen wir unseren Glauben leben

Gott bestaunen und bewundern
ohne uns über ihn, den Unbegreiflichen
ständig zu verwundern
und dann
enge Freundschaft mit ihm eingehen
und in Freude an ihm und über ihn
fest verbunden mit ihm das Leben gestalten

Zuspruch und Trost

Da antwortete Ijob und sprach:
Ähnliches habe ich schon viel gehört;
leidige Tröster seid ihr alle.
IJOB 16,1–2

Mit leeren Worten, Floskeln und Sprüchen
Können wir niemanden trösten oder aufrichten

Tröstende und aufrichtende Worte
lassen sich nur finden und formulieren
aus innerer Tiefe
und in großer Ehrfurcht vor dem leidenden
Menschen

Wenn wir unser Herz berühren lassen
vom Leid eines Menschen
von dessen Trauer, dessen Schmerz, dessen Klage
werden wir abgegriffene Floskeln und Sprüche
begraben
und lieber schweigen
bis wir in der Tiefe unseres Herzens
angemessene Worte der Anteilnahme finden

Für die Liebe gibt es keinen Ersatz

Böte einer für die Liebe
den ganzen Reichtum seines Hauses,
nur verachten würde man ihn.
HOHELIED 8,7B

Für die Liebe
gibt es keinen gleichwertigen Ersatz

weder Reichtum noch Besitz
weder Karriere noch einen Platz in den oberen Rängen
weder Ansehen noch Ruhm oder Macht
weder Wissen noch besonderes fachliches Können
weder Freiheit noch Unabhängigkeit –

Sie alle sind kein Ersatz
auch wenn sie uns oft verführen wollen
um ihretwillen von der Liebe Abstriche zu machen

Sie wiegen die unterlassene Liebe
nie und nimmer auf

Bei Jesus zur Ruhe kommen

Kommt alle zu mir, die ihr euch plagt
und schwere Lasten zu tragen habt.
Ich werde euch Ruhe verschaffen.
MATTHÄUS 11,28

Zuweilen legen Menschen oder wir selbst
uns schwerste Lasten auf die Schultern
gegen die wir uns nicht wehren können

Nicht nur die reine Last ist es
die uns Kräfte raubt und außer Atem bringt
Oft kommen innere Unruhe und die Angst hinzu
der Lage nicht gewachsen zu sein
Zuversicht und Selbstvertrauen verlassen uns
Nervosität treibt uns hin und her

Es ist von Jesus nicht nur dahingesagt
wenn er uns für diese Situationen einlädt
mit unserer Last zu ihm zu kommen
sie bei ihm abzuladen und zu verweilen

Er möchte uns neu innere Ruhe verschaffen
unsere Kraft stärken
und uns mit neuer Zuversicht und seinem Segen
verabschieden und entlassen

Halte nicht fest

Ich vertraue darauf, dass er,
der bei euch das gute Werk begonnen hat,
es auch vollenden wird bis zum Tag Christi Jesu.
PHILIPPERBRIEF 1,6

Wie du die Schwalbe ziehen lässt
in das weit entfernte, dir unbekannte Land
und daran glaubst, dass sie zurückkehrt
so halte die nicht fest, die du liebst
wenn für sie der Tag zum Aufbruch naht

Glaube daran
In den dir Anvertrauten
wirkt auch künftig weiter
was du in ihnen grundgelegt hast
Es hat Bestand

Schwalbe und Menschen
kehren zu dir zurück
wenn sie unter deinem Dach
ein vertrautes, warmes Nest besaßen

Sich sehnen nach
Wachsen und Erstarken

Was ist gewachsen?

Alle, die auf ihn vertrauen,
werden die Wahrheit erkennen
und die Treuen werden bei ihm bleiben in Liebe.
Denn Gnade und Erbarmen
wird seinen Erwählten zuteil.
WEISHEIT 3,9

Was ist gewachsen in meinem Leben
in all den Jahren, die hinter mir liegen

Haben meine Tränen mich geläutert
das Leid mich geformt und reifer gemacht
erfahrene Liebe, Güte, Wertschätzung, Hilfe
mich dankbar werden lassen

Wurde Gott die Mitte meines Lebens
das Fundament, auf dem ich stehe

Was sollte noch wachsen
in den verbleibenden Jahren
blühen und Früchte tragen

Die Antwort zu geben
wirst du, Gott, mir nicht ersparen
Aber deinen Beistand und deine Hilfe
versprichst und gewährst du mir

Verschlüsselte Botschaften

Man sage nicht: Wozu dies, wozu das?
Denn alles ist für seinen besonderen Zweck bestimmt.
Man sage nicht: Dies ist schlechter als das.
Denn alles ist zu seiner Zeit von Wert.
JESUS SIRACH 39,21

Schwierigkeiten und Probleme
lassen sich leichter ertragen
wenn wir sie betrachten
als verschlüsselte Botschaft an uns

Es ist hilfreich
ohne Angst und unverkrampft
die Augen auf ihnen ruhen zu lassen
und zu fragen

Worauf wollen sie mich aufmerksam machen
Was soll ich durch sie hinzulernen
welche Einsicht gewinnen
worin wachsen
welche Korrektur bei mir vornehmen
Wozu fordern sie mich im Glauben heraus

Den eigenen Weg vertrauensvoll gehen

Denn der Weg eines jeden
liegt offen vor den Augen des Herrn,
er achtet auf alle seine Pfade.
SPRICHWÖRTER 5,21

Dass noch niemand sonst den Weg ging
der vor dir liegt
und den zu gehen dir allein bestimmt ist
sollte dich nicht ängstigen oder schrecken

Gott führt auf keine unbegehbaren Wege
oder auf Pfade mit zweifelhaftem Ziel

Für das Wachsen und Sich-Entwickeln
ist es gut und bereichernd
persönliche Wegstrecken
auch einmal mit Gott allein zurückzulegen

Am Ende trifft jeder persönliche Weg
wieder auf die Straße
die uns allen gemeinsam ist

Gottes Gaben in uns wachsen lassen

Ein anderer Teil (Same) schließlich
fiel auf guten Boden und brachte Frucht,
teils hundertfach, teils sechzigfach, teils dreißigfach.
Wer Ohren hat, der höre!
MATTHÄUS 13,8–9

Nach dem Vorbild der Natur
Gottes Gaben in uns wachsen lassen

Wie der Bauer den Samen in sein Ackerfeld
so legt Gott seine Gaben in uns

Die Zeit für Wachsen, Gedeihen und Reifen
ist nicht für jedes Saatgut gleich

Auch die in uns gelegten Samen
werden unter Gottes Segen
auf gleichem Grund und Boden
nicht im Gleichschritt wachsen und reifen
sondern unterschiedlich Erträge bringen
zehnfach, zwanzigfach, sechzigfach …

An innerer Kraft und Stärke zunehmen

Und ich (Paulus) bitte,
er möge euch aufgrund des Reichtums seiner
Herrlichkeit schenken, dass ihr in eurem Innern
durch seinen Geist an Kraft und Stärke zunehmt.
EPHESERBRIEF 3,16

Leg Schärfe und Wachsamkeit mir ins Ohr, Herr,
damit ich dein Wort vernehme
und das leise Klagen und vorsichtige Bitten
der Menschen

Leg Wahrheit und Redlichkeit mir auf die Zunge
Worte des Dankens und der Fürsprache
und das Schweigen zu rechter Zeit

Leg strahlendes Licht in meine Augen
den Blick, der anderen sagt
Du bist mir willkommen, so wie du bist

Leg Wärme und Güte mir ins Herz
für Menschen, die kaltgestellt werden
und alle, die in meiner Nähe leben

Leg Gedanken zur Versöhnung mir in den Sinn
Verständnis, Mitempfinden, Gelassenheit
und das Vertrauen
in dir, meinem Gott, geborgen zu sein

Die Stimme des Gewissens pflegen

Diese Ermahnung lege ich dir ans Herz,
mein Sohn Timotheus,
im Gedanken an die prophetischen Worte,
die einst über dich gesprochen wurden;
durch diese Worte gestärkt, kämpfe den guten Kampf,
gläubig und mit reinem Gewissen.
Schon manche haben die Stimme
ihres Gewissens missachtet
und haben im Glauben Schiffbruch erlitten.

ERSTER TIMOTHEUSBRIEF 1,18–19

Wie Sänger
sorgsam und mit großem Aufwand
regelmäßig ihre Stimme pflegen
um sie klang- und kraftvoll zu erhalten

so müssen wir unser Gewissen
regelmäßig und sorgsam pflegen
damit es nicht heiser und nur ganz leise
zu uns spricht

Die Stimme unseres Gewissens sollte stets
deutlich und kraftvoll in uns erklingen
damit wir sie nicht überhören

Von da an ging es aufwärts

Prüfen wir unsere Wege,
erforschen wir sie und kehren wir um zum Herrn.
KLAGELIEDER 3,40

Ich entschloss mich
mehr an der eigenen Veränderung zu arbeiten
als ständig
um die Veränderung anderer
ihrer Einstellung und Handlungsweise
bemüht zu sein

Von da an ging es mit mir aufwärts
und ich wurde für andere
um vieles erträglicher und liebenswerter

Sich verrücken lassen

Gleicht euch nicht dieser Welt an,
sondern wandelt euch und erneuert euer Denken,
damit ihr prüfen und erkennen könnt,
was der Wille Gottes ist:
was ihm gefällt, was gut und vollkommen ist.
RÖMERBRIEF 12,2

Zu Karneval
verkleiden sich viele Menschen
um für eine kurze Zeit
ein Narr zu sein

Narren erlauben sich
zu weinen, wo andere lachen
mit spaßigen Worten sehr Ernstes auszusprechen
jemanden zu provozieren
um ihn damit herauszufordern

Narren dürfen tun
was „Vernünftige" zu tun sich nicht trauen
was die Etikette durchbricht
was im normalen Leben oft unterbleibt
obwohl es zu tun richtig wäre

Ein Narr sein
Warum nur zur Zeit des Karneval
Jesus war in den Augen mancher ein Narr
und im Blick auf vieles ein Ver-rückter

ver-rückt
im Ausmaß seiner Liebe
ver-rückt
in seinem Kontakt zu Ausgestoßenen
ver-rückt
in seinem Verhalten gegenüber Sündern
ver-rückt
im Streben nach dem Heil für alle Menschen
und nicht nur für das auserwählte Volk Gottes

Wir sind eingeladen
uns ver-rücken zu lassen
im Ausmaß unserer Liebe
im Umgang mit unseren Nächsten
in der Bereitschaft zu innerer Umkehr
im Urteilen und Bewerten
in der Frage nach Versöhnung
in unserer Beziehung zu Gott
im Gängigen, Eingefahrenen und Lahmen
im entschiedenen Ja zum Guten
zu allem Hilfreichen und Förderlichen

Nicht verrückt spielen
aber sich ver-rücken lassen
zu mehr Weite und Tiefe des Menschseins

Liebe verliebt sich gern

Die Juden sagten: Seht, wie lieb er ihn hatte!
JOHANNES 11,36

Je mehr ich meinen Nächsten liebe
desto mehr wird mir alles an ihm
wichtig

sein Denken und Empfinden
was ihn ängstigt und in besonderer Weise freut
wonach er sich sehnt und was ihn begeistert
welche Ziele ihm wichtig sind und worüber er
sich aufregt
was ihn ermutigt, ihm hilft, ihn stützt
welche kleinen Freuden ihn durch den Alltag tragen
und ihm das Leben versüßen

Die Liebe verliebt sich gern
in Nähe und Wärme
in Herzlichkeit und besondere Fürsorge

Schwierigkeiten nicht stets ausweichen

Werft also eure Zuversicht nicht weg,
die großen Lohn mit sich bringt.
Was ihr braucht, ist Ausdauer,
damit ihr den Willen Gottes erfüllen könnt
und so das verheißene Gut erlangt.
HEBRÄERBRIEF 10,35–36

So unangenehm und bitter
Schwierigkeiten auch sind
sich ihnen zu stellen, hat Vorteile

Sie fordern uns heraus
Ideen zu entwickeln und Wege aufzuspüren
die uns sonst nie in den Sinn kämen

Fähigkeiten zu mobilisieren
die bisher in uns schlummerten

Kraftquellen zu erschließen
die wir ohne unsere Schwierigkeiten ausließen

Innere Stärke zu entwickeln
die wir ohne Not nicht aufbauen würden

Grenzen zu erkennen
die wir vorher weder sahen noch vermuteten

Auch wenn wir nicht alle Schwierigkeiten lösen
als Übungsfeld können sie uns sehr nützlich sein

Der Engel verließ sie

Da sagte Maria: Ich bin die Magd des Herrn;
mir geschehe, wie du es gesagt hast.
Danach verließ sie der Engel.

LUKAS 1,38

Maria vernimmt Gottes Plan mit ihr
In Hingabe und Demut willigt sie ein
Dann wird es still um sie

Der Engel entfernt sich
bleibt nicht
um sie zu verteidigen gegen Argwohn und Verdacht
steht nicht zur Verfügung für noch offene Fragen

Ein klares Ja zu Gott und seinem Willen
kann einsam machen
ins Allein-Sein führen
bisherige Freunde verunsichern
und Lebenspläne radikal verändern

Das Ja zu Gott in wichtigen Dingen
braucht Raum und Zeit fürs Alleinsein mit sich selbst
um die Bedeutung des Auftrags zu bedenken
und alles Bangen vor dem Kommenden
vertrauensvoll in Gottes Hand zu legen

Unser Schatten lässt sich verkleinern

Lasst uns nicht müde werden,
das Gute zu tun;
denn wenn wir darin nicht nachlassen,
werden wir ernten,
sobald die Zeit dafür gekommen ist.
GALATERBRIEF 6,9

Wir können unseren Schatten
selbst mit kraftvollem Anlauf
nicht überspringen

Aber wir vermögen
durch gute Taten
die Sonne in unserem Herzen
höher steigen zu lassen

so dass sich unser Schatten verkleinert

Kein Paradies ohne Verlockung

Da sah die Frau, dass es köstlich wäre,
von dem Baum zu essen,
dass der Baum eine Augenweide war
und dazu verlockte,
klug zu werden.
Sie nahm von seinen Früchten und aß;
sie gab auch ihrem Mann, der bei ihr war,
und auch er aß.
Gott, der Herr, sprach zu der Frau:
Was hast du da getan?
Die Frau antwortete:
Die Schlange hat mich verführt
und so habe ich gegessen.

GENESIS 3,6.13

Klugheit und Umsicht
laden uns immer wieder ein
wach und aufmerksam zu leben
um vorhandenes Glück nicht aufs Spiel zu setzen

Kein Paradies auf dieser Welt
ist frei von Schlangen
und dem Geflüster verführerischer Stimmen

Und in jedem Paradies auf dieser Erde
finden sich verlockende Früchte
die zu pflücken
zu kosten
oder an ihnen zu naschen
den Verlust von bisherigem Glück bedeuten können

Sich an gute Worte erinnern

Da erinnerten sie sich an seine (Jesu) Worte.
LUKAS 24,8

Die Jünger verstanden Jesu Anliegen
nicht immer sofort
In vielen Fällen begriffen sie erst in der Erinnerung
die tiefere Bedeutung seiner Worte
und was er ihnen damit sagen wollte

Die Wirkung und dankbare Annahme
guter und heilsamer Worte
beginnt auch für uns
oft erst mit der Erinnerung an sie
wenn durch mehr Lebenserfahrung
sich ihr Wert für uns und unser Leben
deutlicher erschließt

Sich guter und heilsamer Worte zu erinnern
kann längst fälliges Umdenken anstoßen
und rechtes Handeln beglückend verstärken

Die Bitte unseres Herzens

Erheben wir Herz und Hand zu Gott im Himmel.
KLAGELIEDER 3,41

Unser Herz vermag
grob
zornig
bitter
launisch
garstig
gemein
zu sein

Aber es sehnt sich nach
Feinfühligkeit und Sanftheit
Behutsamkeit und Zartheit
Milde und Liebenswürdigkeit
Großmut und Verständnis

Hierzu sollen wir unserem Herzen verhelfen
Das ist inständige Bitte des Herzens an uns

Schenke mir Beredsamkeit

Damals brachte man zu ihm einen Besessenen,
der blind und stumm war.
Jesus heilte ihn,
sodass der Stumme wieder reden und sehen konnte.
MATTHÄUS 12,22

Herr,
schenke mir Beredsamkeit
für Wertschätzung, Trost und Ermutigung
für Worte der Versöhnung und des Friedens
für Freude, Lachen, Scherzen
und nicht zuletzt für Lob und Dank
leg mir Worte wie von Dichterhand
in meinen Mund

Bei Streit und Zorn jedoch
lass mich nur stottern
und keine Worte finden
die kränken und beleidigen

Für alles Reden mit Gehässigkeit
schließe und versiegele mir den Mund
damit ich stumm bleibe
solange es meinem Herzen
an Liebe, Güte und Wohlwollen mangelt

Wachsen kennt keine Hast

Der Gerechte gedeiht wie eine Palme,
er wächst wie die Zedern des Libanon.
PSALM 92,13

Alles Wachsen
vollzieht sich in Stille, Ruhe und ohne Hast

Jede Blume benötigt ihre Zeit zum Wachsen
Dann öffnet sie sich sanft mit großer Gelassenheit

Jeder Morgen tritt lautlos aus dem Dunkel
und entfaltet sich nach und nach
kraftvoll in die Helligkeit des Tages

Wachsen gelingt
im stillen Ruhen in uns selbst
und in der behutsamen Entwicklung und Freigabe
unserer Kräfte, Anlagen und Fähigkeiten

Sich sehnen nach erfülltem Leben

Suche zu gewinnen statt zu siegen

Seht, er bringt seinen Siegespreis mit:
Alle, die er gewonnen hat, gehen vor ihm her.
JESAJA 40,10B

Du warst überlegen
konntest dich gut verkaufen
Im Augenblick wagt dir keiner zu widersprechen

Ob du einen erfolgreichen Sieg errungen hast
hängt wesentlich davon ab
ob du die Menschen mit deinen Argumenten
für dich gewinnen konntest
sodass sie hinter dir stehen

Suche zu gewinnen und nicht nur zu siegen

Auch wenn dir niemand offen widerspricht
ist ein Sieg erst dann etwas wert
wenn du die Herzen der Menschen
für dich gewonnen hast

Sei nicht kleinlich, wenn du Gutes tust

Allen, die gerecht handeln,
hilf aus Barmherzigkeit mit dem, was du hast.
Sei nicht kleinlich, wenn du Gutes tust.
Wende deinen Blick niemals ab,
wenn du einen Armen siehst,
dann wird auch Gott seinen Blick
nicht von dir abwenden.
TOBIT 4,7

Herr
als Egoist habe ich Fähigkeiten entwickelt
die ich positiv anwenden kann
So bitte ich dich

Mach mich zu einem Egoisten –

zu einem Egoisten
der immer gleich an sich denkt
wenn es gilt, hilfreich anzupacken
der sich vordrängelt und nach vorn schiebt
sobald ein Mensch aufgefangen werden muss
und der sich immer in die erste Reihe stellt
zum Schutz der Schwachen

Mach mich zu einem Egoisten
der seine Talente nicht billig verschleudert
seine Zeit nicht vergeudet mit Dingen
die niemandem nützen oder helfen
und der äußerst sparsam ist mit Worten
die verletzen könnten

Mach mich zu einem Egoisten
der sich ständig bereichert
an deiner Gnade und Liebe
der keine Chance auslässt
anderen und sich selbst gut zu sein
und der Berge an Freundlichkeit und Güte
um sich aufhäuft

Mach mich zu einem Egoisten
der unbedingt haben will, was ihm noch fehlt
an Klugheit, Wissen, Einsicht
an Lauterkeit, Offenheit, Demut
und allem sonst, was Menschsein fördert

Zu einem Egoisten dieser Sorte, Herr,
lass mich immer mehr werden

Die anvertrauten Talente

Wir haben unterschiedliche Gaben,
je nach der uns verliehenen Gnade.
Hat einer die Gabe prophetischer Rede,
dann rede er in Übereinstimmung mit dem Glauben;
hat einer die Gabe des Dienens, dann diene er.
Wer zum Lehren berufen ist, der lehre.

RÖMERBRIEF 12,6–7

Wir dürfen und sollen uns
über unsere Begabungen und Talente freuen
und stolz auf sie sein

Doch sie wurden uns nicht geschenkt
als Privatbesitz
oder als Schatz für den Tresor

Mit den uns verliehenen Gaben
auch andere zu beschenken
und ihnen Helfer zu sein
sind wir eingeladen und beauftragt

Bezeugen durch die Tat

Vergeltet nicht Böses mit Bösem
noch Kränkung mit Kränkung!
Stattdessen segnet;
denn ihr seid dazu berufen, Segen zu erlangen.
ERSTER PETRUSBRIEF 3,9

Deutlicher als mit Worten
können wir täglich durch Taten neu bezeugen
dass sich Negatives beenden
und durch Gutes ersetzen lässt

dass Hass und Egoismus
    abgebaut werden können
Streit und Feindschaft
    sich beenden lassen
Gleichgültigkeit durch Anteilnahme
    ersetzt werden kann
Abkehr vom Bösen und Hinwendung zum Guten
    möglich ist

Gute Taten übertreffen alle beredten Worte
an Überzeugungskraft
und bewirken obendrein
Verbundenheit und Wohlergehen

Steine ins Rollen bringen

Jesus sagte noch einmal zu ihnen:
Friede sei mit euch!
Wie mich der Vater gesandt hat, so sende ich euch.
Nachdem er das gesagt hatte,
hauchte er sie an und sprach zu ihnen:
Empfangt den Heiligen Geist.
JOHANNES 20,21–22

Er brachte den Stein ins Rollen
der ihn für immer begraben sollte
und öffnete die ängstlich verschlossenen Herzen
mit dem Hauch seines Geistes
und dem Geschenk des Friedens

Bringen wir die Steine ins Rollen
die unser Herz verschließen wollen
Öffnen wir uns dem Wirken des Heiligen Geistes
in Begegnungen mit dem Auferstandenen

In die Mühe unseres Lebens
in Erfolg und Niederlage
in Glück und Enttäuschung
in die Leere unseres Herzens
haucht der Auferstandene
die Kraft des Heiligen Geistes

In unsere Trauer und Ohnmacht
in unser Hoffen und Zweifeln
in unser Wanken und Zaudern
in unser Sehnen und Wünschen
haucht der Auferstandene
die Kraft des Heiligen Geistes

Bringen wir die Steine ins Rollen
die unser Herz verschließen wollen
Beseitigen wir sie
durch Vertrauen und Zuversicht
in die Kraft des Heiligen Geistes
und das Zulassen seines Wirkens –
in uns

Der Herr aber schlief

Plötzlich erhob sich ein heftiger Wirbelsturm,
und die Wellen schlugen in das Boot,
sodass es sich mit Wasser zu füllen begann.
Jesus aber lag hinten im Boot auf einem Kissen
und schlief.
Sie weckten ihn und riefen:
Meister kümmert es dich nicht,
dass wir zugrunde gehen?
Da stand er auf und drohte dem Wind
und sagte zum See:
Schweig, sei still!
Und der Wind legte sich und es trat völlige Stille ein.
MARKUS 4,37–39

Die Jünger im Boot, dem Sturm ausgesetzt
– und der Herr schläft

Mein Leben, oft unerwartet von Wirbeln erfasst
– und keiner rührt sich, mir zu helfen
Wen kann ich wecken, damit er mir beisteht

Die Jünger hatten Jesus erlebt
wussten, an wen sie sich wenden konnten –
Mit wem habe ich Erfahrungen gemacht
so dass ich mich getraue, ihn anzusprechen

Für mich selbst soll gelten
Die Menschen in ihrer Not
in ihren großen und kleinen Bedrängnissen
sollen mich nicht erst wecken müssen
damit ich Hand anlege

Stürmen des Lebens kann ich nicht gebieten
ihr Stillstehen nicht einfordern
oder sie gar in nützliche Winde fürs Segel verwandeln

Aber bemühen will ich mich
Wogen zu glätten
Entlastung zu schaffen
Beistand anzubieten und zu gewähren
Auswege mitzusuchen
und zusammen mit den Bedrängten
dem Hilfe abzuringen
der jeder Not gewachsen ist

Dafür möchte ich wach sein
damit mich niemand erst wecken muss

Vertan ist vertan

Deshalb wollen wir, solange wir noch Zeit haben,
allen Menschen Gutes tun, besonders aber denen,
die mit uns im Glauben verbunden sind.
GALATERBRIEF 6,10

Jeder Tag und jede Stunde unseres Lebens
haben ihre Zeit nur einmal

Wie sehr wir uns später auch mühen
wertvoll Verpasstes nachzuholen
neue Zeit müssen wir dafür opfern
gewesene Zeit ist für immer vorüber

Die Zeit ist unerbittlich
lässt über ihre Dauer nicht mit sich verhandeln

Sie fordert uns heraus
für die Gunst des Augenblicks und der Gegenwart
wach und aufmerksam zu sein

Das Jetzt und Heute
sie kehren nie wieder

Erfolg will errungen werden

Und schließlich:
Werdet stark durch die Kraft und Macht des Herrn!
EPHESERBRIEF 6,10

Die Wagemutigen mit Vernunft und Realismus
reden sich nicht ein
dass Mut allein genügt
um erfolgreich zu sein

Aber sie sind überzeugt
Mit Umsicht, Ernst, festem Willen und Gottvertrauen
lässt sich viel bewegen und erreichen
Erfolg will errungen werden

Denn kein Erfolg schleicht sich
von sich aus ganz allein
durch die Hintertür herein

In die Richtung stellen

Bewahre das dir anvertraute kostbare Gut
durch die Kraft des Heiligen Geistes,
der in uns wohnt.
ZWEITER TIMOTHEUSBRIEF 1,14

Wir
müssen dem Wind
wenn wir seine Kraft gebrauchen
und für uns ausnutzen wollen

Windräder und Windmühlen bauen
und ihre Flügel in seine Windrichtung drehen

ein Segel so setzen
dass der Wind es streifen kann

für Rückenwind
ihm die volle Körperbreite zuwenden

Auch heiliger Geist weht, wie er will
Wir müssen uns in seine Richtung stellen
wenn uns seine Kraft erfassen
Auftrieb und Hilfe bringen soll
Er überlässt uns die Entscheidung
ob und in welchem Maße
wir sein Wehen und seine Stärke nützen wollen

Anhalten

Sobald er hörte, dass es Jesus von Nazaret war,
rief er laut:
Sohn Davids, Jesus, hab Erbarmen mit mir!
Viele wurden ärgerlich und befahlen ihm
zu schweigen.
Er aber schrie noch viel lauter:
Sohn Davids, hab Erbarmen mit mir!
Jesus blieb stehen und sagte: Ruft ihn her!
MARKUS 10,47–49A

Ob wir uns noch auf dem direkten Weg zum Ziel
befinden
oder durch Irrwege
auf die wir uns eingelassen haben
auf einer Nebenstrecke gelandet sind
ist Gott völlig unwichtig
Auch über Umwege lässt sich ein Ziel erreichen

Für Gott zählt jedoch
ob wir unterwegs
sei es auf der Hauptstrecke oder auf einem Nebenweg
anhalten
sobald Menschen uns ansprechen
und von uns Hilfe und Beistand erbitten

Durchhalten

Denn ruhmreich ist der Lohn guter Mühe
und unvergänglich die Wurzel der Klugheit.
WEISHEIT 3,15

Wie ein guter Kartenspieler
sich darin auszeichnet
dass er mit einem mäßigen Blatt
noch reichlich punktet

so kommt es im Leben darauf an
bei Widrigkeiten
nicht vorschnell aufzugeben
sondern das Erreichbare
mit Umsicht und Geschick
dem Leben abzuringen

Phantasien dem Herzen unterstellen

Es ist dir gesagt worden, Mensch,
was gut ist und was der Herr von dir erwartet:
Nichts anderes als dies: Recht tun,
Güte und Treue lieben,
in Ehrfurcht den Weg gehen mit deinem Gott.
MICHA 6,8

Die dicksten Beton-Wände
gegenüber unseren Nächsten
errichten wir gewöhnlich
zuerst in unserer Phantasie
und danach in unserem Herzen

Sie lassen sich abtragen
oder von vornherein vermeiden

wenn unser Herz
mit seinem Wohlwollen, seiner Güte und Liebe
unserer Phantasie
Richtung und Weg weist

Ehrgeizig und beharrlich

Wir wünschen aber, dass jeder von euch
im Blick auf den Reichtum unserer Hoffnung
bis zum Ende den gleichen Eifer zeigt.
HEBRÄERBRIEF 6,11

Sei ehrgeizig und beharrlich

im Ringen um das Gute
bei der Suche nach der ganzen Wahrheit
im Bau von Brücken zum Nächsten
in der Geduld mit schwierigen Menschen
in der Treue zu deinem Ja oder Nein
bei der Erfüllung deiner Aufgaben
im Widerstand gegen alles nur Halbe
im Aufbau einer guten Beziehung zu Gott

Hierin sei ehrgeizig und beharrlich
zu jeder Zeit

Neutralität aufheben

Bis zum Tod setz dich ein für das Recht,
dann wird der Herr für dich kämpfen.
JESUS SIRACH 4,28

Wenn
Wahrheit und Lüge
Ehrlichkeit und Machenschaften
Recht und Gewalt
Menschlichkeit und Hartherzigkeit
Wertschätzung und Verachtung
das Gute und das Böse

sich im Kampf gegenüberstehen
und miteinander um die Herrschaft ringen

muss unsere Neutralität ein Ende haben
muss unser Gewissen uns in Stellung bringen
und uns zum Handeln herausfordern

Boten der Frohbotschaft sein

Die Botschaft Jesu
soll Wellen schlagen
Kreise ziehen
durch unsere Lebensführung

Die Botschaft Jesu
soll aufsteigen wie das Morgenrot
und leuchtend am Himmel stehen
durch unsere Liebe

Die Botschaft Jesu
soll ein Stern der Hoffnung sein
für Menschen in Dunkelheit und Nacht
durch unser Dasein

Die Botschaft Jesu
soll weithin leuchten, sichtbar und spürbar sein
durch uns

Wählen, nicht nur ankreuzen

Deine Hand sei bereit, mir zu helfen;
denn ich habe mir deine Befehle erwählt.
PSALM 119,173

Auf einer Wählerliste einen Kandidaten ankreuzen
ist mehr eine Stimmabgabe

Vor echte Wahlen stellt uns das Leben
wenn es uns herausfordert
    Kreuze nicht nur an, beziehe Stellung
    Folge der Mahnung des Herzens und des Gewissens
    Ziehe die Pflicht dem Vergnügen vor
    Dämpfe deinen Egoismus
    Übernimm Verantwortung

Ein klares Zeichen dafür
dass wir auch wirklich gewählt haben
setzen wir
sobald wir das Gewählte
in Angriff nehmen und erstreben

Sich dem Urteil der Liebe anvertrauen

Jagt der Liebe nach!
ERSTER KORINTHERBRIEF 14,1A

Berechnen, Zählen, genaues Durchkalkulieren
hilft Fehler vermeiden

Die Liebe bestreitet dies nicht, sie weiß darum
Dennoch lässt sie immer wieder einmal
wagemutig und kühn
das genaue Berechnen, Zählen und Abwägen beiseite
selbst auf die Gefahr hin
Nachteile oder Schiffbruch zu erleiden

Durch ihre Wärme und Wertschätzung
gelingt es ihr immer wieder
kleine, nicht vorauszuberechnende Wunder
auf den Weg zu bringen

Die Liebe glaubt daran
Wunder folgen keiner anderen Spur als nur der ihren
Darum lässt sie sich herausfordern
nicht immer nur zu zählen und zu berechnen

Verunsichert

Ich sehe dein Leid, deinen Schmerz
und weiß nicht, wie dein Herz zu trösten wäre
Was könnte dich aufrichten
Womit wäre dir geholfen

Unsicher bin ich
was ich tun kann oder soll
wie ich dir beistehen und helfen könnte
Womit lässt sich dein Herz heilend berühren
dein Leid und Schmerz lindern

Mit meiner Unsicherheit
will ich mich aufmachen
Vielleicht bedeutet dir
meine Nähe und mein stilles Gebet schon sehr viel
auch wenn dir wohl niemand außer Gott
helfen kann

Bereit sein

Seine Geschöpfe sind wir,
in Christus Jesus dazu geschaffen,
in unserem Leben die guten Werke zu tun,
die Gott für uns im Voraus bereitet hat.
EPHESERBRIEF 2,10

Zum Wohle der Menschen
und zum Aufbau des Reiches Gottes
benötigt Gott immer wieder Menschen
die für seine Pläne bereitstehen

Bereit sein –
wie Läufer vor dem Startschuss
Fußballspieler vor dem Anpfiff
der Notarzt für seinen Einsatz
Mütter bei beginnenden Wehen
Maria bei ihrem Ja zur Botschaft des Engels

Bereit sein
ist Jesu eindeutige Bitte an uns

Blumen erwarten keine Geschenke

Er gebe euch Weisheit ins Herz
und der Friede sei mit euch.
JESUS SIRACH 50,23

Blumen beschenken uns
ohne von uns Geschenke zu erwarten

Sie leben, wachsen und begnügen sich mit dem
was Gott, Natur und Umwelt ihnen zukommen lassen
Sonne, Luft, Licht und Wärme

Blumen leben im Einklang mit sich selbst
nutzen die in ihnen liegenden Gaben und Kräfte
zieren und schmücken sich mit Anmut
in ihren Formen, Farben und Düften

Wo immer sie stehen, wachsen und blühen
ob im Garten oder am Wegesrand
auf kargem Boden oder saftiger Wiese
dort gestalten sie ihr Umfeld freundlich
und sind zufrieden mit ihrem Leben
so wie es ist

Sich sehnen nach
Verbundenheit mit Gott

Gott oder Jesus kennen lernen

Daraufhin zogen sich viele Jünger zurück
und wanderten nicht mehr mit ihm umher.
Da fragte Jesus die Zwölf: Wollt auch ihr weggehen?
Simon Petrus antwortete ihm:
Herr, zu wem sollten wir gehen?
Du hast Worte des ewigen Lebens.
Wir sind zum Glauben gekommen und haben erkannt:
Du bist der Heilige Gottes.

JOHANNES 6,66–69

Wer Gott oder Jesus für uns ist
lässt sich theoretisch
durch Diskussionen und bloßes Nachdenken
nicht erfassen

Am ehesten und deutlichsten
begreifen und erfahren wir
wer Gott oder Jesus für uns ist
wenn wir uns
mit ihm
auf den Weg machen

und uns treu
an seiner Seite halten –
dies gerade auch dann
wenn der Weg schwierig wird

An Jesu Botschaft kann ich glauben

*Und er (Levi) gab für Jesus in seinem Haus ein
großes Festmahl. Viele Zöllner und andere Gäste
waren mit ihnen bei Tisch.
Da sagten die Pharisäer und ihre Schriftgelehrten
voll Unwillen zu seinen Jüngern:
Wie könnt ihr zusammen mit Zöllnern und
Sündern essen und trinken?
Jesus antwortete ihnen: Nicht die Gesunden brauchen
den Arzt, sondern die Kranken.*

LUKAS 5,29–31

Ich liebe die Botschaft Jesu
weil sie eine frohe Botschaft ist für alle
und das umfassende Glück der Menschen
im Auge hat

Bettler und Menschen am Rande
Arme, Verstoßene und Entrechtete
beim Ehebruch Ertappte und Dirnen
Abgerutschte und Sünder aus eigener Schuld
Zweifler und Ungeduldige
erhalten einen Platz in seiner Nähe
werden ganz in die Liebe Gottes einbezogen

Ich vertraue der Botschaft Jesu
weil ich erlebe
wie sie viele Menschen aufrichtet und froh macht
und in mir selbst
spürbar Kraft und Lebensfreude weckt

Zögere nicht

Besser ist es, in die Hände des Herrn zu fallen
als in die Hände der Menschen.
Denn wie seine Größe, so ist sein Erbarmen,
und wie sein Name, so sind auch seine Werke.
JESUS SIRACH 2,18

Selbst wenn alles in deinem Leben
durch deine eigene Schuld
zerbrochen und gescheitert ist
zögere nicht
mache dich auf zu Gott

Umkehrwillig nimmt er dich an
so wie du im gegenwärtigen Augenblick
vor ihm stehst
Die beschämende Frage, wer du bisher warst
stellt er nicht

Brich auf zu Gott
Geh mit ihm deinen Weg in die Zukunft
gerade dann
wenn du von dir sehr enttäuscht bist
und dir selbst nichts mehr zutraust

In Gott fühle ich mich geborgen

Glücklich alle, die auf sein (Gottes) Erbarmen hoffen
und seine Gebote annehmen.
JESUS SIRACH 18,14

Sooft ich an dich denke, Gott,
empfinde ich Wärme und Geborgenheit

Deine Augen weiß ich auf mich gerichtet
aus Liebe und Sorge um mich

Wenn mein Weg Gefahren in sich birgt
fühle ich mich von dir an die Hand genommen
Bei Tag und Nacht bist du an meiner Seite

Deine Gebote sind Anweisungen für mein Herz
damit es sich nicht irrt und ins Verderben rennt

Geborgen in dir und in deiner Sorge um mich
jubelt mein Herz in Freude und Glück

Danke

Gott besitzt keinen Schlüssel

Wer sein Ohr verschließt
vor dem Schreien des Armen,
wird selbst nicht erhört, wenn er um Hilfe ruft.
SPRICHWÖRTER 21,13

Gott kennt und besitzt keine Schlüssel
Sie sind eine Erfindung der Menschen
damit sie ihr Hab und Gut vor Raub und Diebstahl
sichern und schützen können

Gottes Tür steht immer und jedem offen
Reichlich gibt er jedem Bittenden von dem
was er hat und besitzt

Den Schlüssel in meiner Tasche
zum Schutz von Hab und Gut
möchte ich nicht abgeben

Aber ein offenes Ohr für Arme und Leidende
eine verfügbare Hand zum Helfen
die Tür meines Herzens weit offen halten
und vor niemandem verschließen
dazu möge Gott mir jederzeit
Ansporn, Kraft und Mut schenken

Judas lässt grüßen

Der Satan aber ergriff Besitz von Judas,
genannt Iskariot, der zu den Zwölf gehörte.
Judas ging zu den Hohenpriestern
und den Hauptleuten
und beriet mit ihnen,
wie er Jesus an sie ausliefern könnte.
Da freuten sie sich und kamen mit ihm überein,
ihm Geld zu geben.
LUKAS 22,3–5

Judas lässt grüßen

bei vorgetäuschter Verbundenheit
bei doppelzüngiger Rede
bei absichtlich gestellter Falle
bei der Preisgabe eines Unschuldigen
beim Wühlen und Mauscheln im Hintergrund
bei der Unterstützung derer,
 die Unredliches planen
bei einem Lob für verwerfliches Handeln
bei jeder Art von Falschheit und Unaufrichtigkeit

Bleibe bei uns

Aber sie drängten ihn und sagten:
Bleibe doch bei uns; denn es wird bald Abend,
der Tag hat sich schon geneigt.
Da ging er mit hinein, um bei ihnen zu bleiben.
LUKAS 24,29

Damit die Freude nicht weicht
unser Schwung nicht erlahmt
der Mut nicht schwindet
das Vertrauen sich verstärkt
bitten wir immer neu
Bleibe bei uns, Herr

Immer, wenn wir Neues planen
frisch ans Werk gehen
uns neu auf etwas einstellen
Ausdauer und Geduld gefordert sind
bitten wir
Sei bei uns, Herr, und bleibe an unserer Seite

Selbst wenn unsere Mühe mit Erfolg gekrönt wird
Fragen sich klären und eine Antwort finden
Wünsche Wirklichkeit werden
Freundschaften sich festigen
Glück und Licht uns umstrahlen
sagen wir froh beschwingt und dankbar
Bleibe bei uns, Herr

Sich nicht selbst im Wege stehen

Da hast du mein Klagen in Tanzen verwandelt,
hast mir das Trauergewand ausgezogen
und mich mit Freude umgürtet.
Darum singt dir mein Herz
und will nicht verstummen.
Herr, mein Gott, ich will dir danken in Ewigkeit.
PSALM 30,12–13

Wenn uns Glück nicht mehr aufscheint
Frohsinn sich nicht mehr einstellen will
Unzufriedenheit nicht weicht
der Alltag nur trist, fad und freudlos ist
uns alles zur Last wird

dann sollten wir uns prüfen
ob wir uns nicht ein gutes Stück selbst
im Weg stehen
mit überzogenen Erwartungen
mit einem Hang zum Schwarz-Sehen
mit fehlendem Willen zum Kämpfen
mit aufgegebenem Vertrauen in uns selbst
und in die Hilfe Gottes

Unser Inneres ordnen und positiv ausrichten
dazu möchte Gott uns verhelfen
und uns das Trauergewand ausziehen
um uns mit Freude zu umgürten

Bitte um Kraft und Stärke

Als sie das hörten,
ließen sie sich auf den Namen Jesu, des Herrn, taufen.
Paulus legte ihnen die Hände auf
und der Heilige Geist kam auf sie herab.
APOSTELGESCHICHTE 19,5–6A

Heiliger Geist
Geist der Kraft und Stärke

der du die Lösungen kennst
nach denen wir suchen

von Blockierungen und Hemmungen
die uns einengen und behindern
entfesseln kannst

Gefahren einzudämmen vermagst
die uns zu Fall bringen können

für Hürden Schwung und Kraft verleihst
damit wir sie überspringen

gib uns Anteil an deiner Erkenntnis
an deiner Kraft und Stärke

Aushalten und durchhalten

Die Huld des Herrn ist nicht erschöpft,
sein Erbarmen ist nicht zu Ende.
KLAGELIEDER 3,22

Aushalten und Durchhalten
ist das Geheimnis vieler Erfolge

Wo meine Kraft zu Ende geht und sich erschöpft
willst du, Herr, mich stärken in deiner Huld
damit ich vertrauensvoll und zuversichtlich
in die Zukunft schaue
Spannkraft behalte für Tatendrang
den Kopf nicht hängen
und den Mut nicht sinken lasse
allen Pessimismus meide
der schon am frühen Morgen
die Sonne sinken und untergehen sieht

Das Leben der Mühe wert sein lassen
und dir, Gott, und deinem Beistand vertrauen
so will ich jeden Tag neu beginnen

Besonnen und gelassen

Denn der Herr gibt Weisheit,
aus seinem Mund kommen Erkenntnis und Einsicht.
Besonnenheit wacht über dir
und Einsicht behütet dich.
SPRICHWÖRTER 2,6.11

Vertrauen in Gott
dass er Erkenntnis und Einsicht schenkt
hilft nervöse Hast und Hektik abzulegen

Besonnene, Gelassene, auf Gott Vertrauende
nutzen ihre Möglichkeiten und Chancen
vorteilhafter und gründlicher
als innerlich Unruhige, Gehetzte und Getriebene

Gelassen und dennoch energisch
ruhig und dennoch kraftvoll
nachdenklich und dennoch aktiv und spontan
gestalten sie ihre Tage und das Leben

Sie beherrschen vor allem die Kunst
sich durch Kleinigkeiten und Überraschungen
nicht aus der Fassung bringen zu lassen

Auf Gottes Hilfe bauen

Ich aber baue auf deine Huld,
mein Herz soll über deine Hilfe frohlocken.
Singen will ich dem Herrn,
weil er mir Gutes getan hat.
PSALM 13,6

Komm uns zu Hilfe, Gott,

wenn wir bei Schmerz und im Leid
    unsere Zuflucht zu dir nehmen
dich in Unsicherheit und Zweifel
    um Rat bitten
in Verzagtheit
    unsere Hoffnung auf dich setzen
    damit wir uns nicht der Ohnmacht preisgeben
in unserem Versagen
    Kraft zur Umkehr suchen

Auf deine Hilfe wollen wir bauen
deinem Beistand uns anvertrauen
über deine Hilfe frohlocken
deine Barmherzigkeit und Güte preisen

Komm mir zu Hilfe, Herr

Bei Gott allein kommt meine Seele zur Ruhe,
von ihm kommt mir Hilfe.
Nur er ist mein Fels, meine Hilfe, meine Burg;
darum werde ich nicht wanken.

PSALM 62,2–3

Wenn Angst sich nicht auflösen will
Sorgen und Kummer wachsen
Worte keinen Trost mehr spenden
Unglück sich an Unglück reiht
der Glaube nicht mehr ausreichend trägt und stärkt
Schuld mir immer neu vorgehalten
aber nicht vergeben wird

dann, Herr, eile du mir zu Hilfe
mit deinem Wort
mit deiner Kraft und Stärke
mit deiner Huld und Liebe
damit ich dich als Schutz
als meinen Fels und meine Burg erfahre

Verfügbar sein

Darauf wird der König (Menschensohn)
ihnen antworten:
Amen, ich sage euch:
Was ihr für einen meiner geringsten Brüder
getan habt,
das habt ihr mir getan.
MATTHÄUS 25,40

Hilf mir, Herr,
meinem Nächsten gegenüber ein Mensch zu sein

der sich besonders in der Not leicht finden lässt
weil man ihn nicht lange suchen muss

zu dem man kommen darf
mit kleinen oder großen Sorgen

der in Ruhe ausharrt
und die Geduld nicht verliert

der verfügbar bleibt
wenn Probleme sich nicht auf Anhieb lösen lassen

der, obwohl er vielleicht nicht helfen kann,
wenigstens Wärme und Freundlichkeit ausstrahlt

Wenn dir selbst Ideen fehlen

Zeige mir, Herr, deine Wege,
lehre mich deine Pfade.
Führe mich in deiner Treue und lehre mich;
denn du bist der Gott meines Heils.
Auf dich hoffe ich allezeit.
PSALM 25,4–5

Bei Gott anklopfen
sich mit Gott unterhalten und besprechen
ist immer wieder spannend
weil er unzählige Ideen hat
die er uns bereitwillig eröffnet
wenn uns selbst Ideen fehlen
und wir uns auf ihn einlassen

Für Ängstliche und Draufgänger
Zaghafte und Entschlossene
Starke und Schwache
Gesunde, Kranke, Leidende
Kinder, Jugendliche und Erwachsene
hat er ein umfangreiches Repertoire

Suche ihn auf, klopfe bei ihm an
und lass dich beim Verabschieden
von ihm segnen

Gott loben können wie ein Vogel

Der Name des Herrn sei gepriesen
von nun an bis in Ewigkeit.
Vom Aufgang der Sonne bis zum Untergang
sei der Name des Herrn gelobt.
PSALM 113,2–3

Wie ein Vogel, Gott,
möchte ich dich loben können

der ohne Text und Worte
sein ganzes Herzensglück und seinen Dank
in Melodien kleidet

und der in seiner Herzensfreude
spontan und schöpferisch gewandt
stets neu ein Lied für dich erfindet
das außer dir und ihm
sonst niemand kennt

So innig und einmalig
so ganz und tief aus dem Herzen wie ein Vogel
möchte auch ich, mein Gott,
dich loben können

INHALT

Vorwort 5

Sich sehnen nach Geborgenheit

Das Sehnen in uns nutzen und zügeln 9
Bitte um Ehrlichkeit 10
Jesus ins Netz gehen 11
Lass dich finden 12
Zutritt zu jeder Zeit 13
Weitherzig 14
Konflikte lösen 15
Vom Geist ergriffen 16
Stürme können nützlich sein 17
Mit offenen Augen 18
Wahr bleibt wahr zu jeder Zeit 19
Neid macht ärmer 20
Geh nicht 21
Die Erde ist uns anvertraut 22
Gottes Wirken erspüren 23
Der Treue Gottes vertraue ich 24
Ins Licht gestellt 25
Angst verführt, sich zu verstellen 26
Von Gott auf festen Grund gestellt 27
Atmosphäre aufbauen 28
Schenken, ohne nach dem Verdienst zu fragen 29
Einander annehmen 30
Im Schatten Jesu 31

Sich sehnen nach innerer Zufriedenheit

Gottes Liebe genießen 35

Liebende Herzen altern nicht 36

Begeisterten wachsen Flügel 37

Das Wie-bisher-Weitermachen unterbrechen 38

Sich ein offenes Herz bewahren 39

Der Freude eine Freude bereiten 40

Mein Wunschsieg 41

Bereichere dich 42

Sich Lebensfreude bewahren 43

Im Licht wandeln 44

Betende Hände bewegen 45

Danken anstatt verklären 46

Augen, die geweint haben 47

Schenken und nicht nur leihen 48

Beherzigen 49

Der Glaube kennt kein Rentenalter 50

Vernunft und Phantasie in Einklang bringen 52

Besitzen ohne besessen zu sein 53

Nach dem Vorbild der Kinder 54

Zuspruch und Trost 55

Für die Liebe gibt es keinen Ersatz 56

Bei Jesus zur Ruhe kommen 57

Halte nicht fest 58

Sich sehnen nach Wachsen und Erstarken

Was ist gewachsen? 61

Verschlüsselte Botschaften 62

Den eigenen Weg vertrauensvoll gehen 63

Gottes Gaben in uns wachsen lassen 64

An innerer Kraft und Stärke zunehmen 65

Die Stimme des Gewissens pflegen 66

Von da an ging es aufwärts 67

Sich verrücken lassen 68

Liebe verliebt sich gern 70

Schwierigkeiten nicht stets ausweichen 71

Der Engel verließ sie 72

Unser Schatten lässt sich verkleinern 73

Kein Paradies ohne Verlockung 74

Sich an gute Worte erinnern 75

Die Bitte unseres Herzens 76

Schenke mir Beredsamkeit 77

Wachsen kennt keine Hast 78

Sich sehnen nach erfülltem Leben

Suche zu gewinnen statt zu siegen 81

Sei nicht kleinlich, wenn du Gutes tust 82

Die anvertrauten Talente 84

Bezeugen durch die Tat 85

Steine ins Rollen bringen 86

Der Herr aber schlief 88

Vertan ist vertan 90

Erfolg will errungen werden 91

In die Richtung stellen 92

Anhalten 93

Durchhalten 94

Phantasien dem Herzen unterstellen 95

Ehrgeizig und beharrlich 96

Neutralität aufheben 97

Boten der Frohbotschaft sein 98

Wählen, nicht nur ankreuzen 99

Sich dem Urteil der Liebe anvertrauen 100

Verunsichert 101

Bereit sein 102

Blumen erwarten keine Geschenke 103

Sich sehnen nach Verbundenheit mit Gott

Gott oder Jesus kennen lernen *107*

An Jesu Botschaft kann ich glauben *108*

Zögere nicht *109*

In Gott fühle ich mich geborgen *110*

Gott besitzt keinen Schlüssel *111*

Judas lässt grüßen *112*

Bleibe bei uns *113*

Sich nicht selbst im Wege stehen *114*

Bitte um Kraft und Stärke *115*

Aushalten und durchhalten *116*

Besonnen und gelassen *117*

Auf Gottes Hilfe bauen *118*

Komm mir zu Hilfe, Herr *119*

Verfügbar sein *120*

Wenn dir selbst Ideen fehlen *121*

Gott loben können wie ein Vogel *122*

Bibliografische Information der Deutschen Nationalbibliothek

Die Deutsche Nationalbibliothek verzeichnet diese Publikation
in der Deutschen Nationalbibliografie; detaillierte bibliografische
Daten sind im Internet über <http://dnb.d-nb.de> abrufbar.

© 2012 Echter Verlag GmbH, Würzburg
www.echter-verlag.de

Gestaltung
Peter Hellmund, Würzburg

Titelbild
Mauritius Images / Pacific Stock

Druck und Bindung
CPI – Clausen & Bosse, Leck

ISBN 978-3-429-03530-3